SPORT
VERLAG
BERLIN

Gritt Ockert

# Hantel-Training

## Das Programm für zu Hause

**Die Autorin**

Gritt Ockert ist Diplom-Sportlehrerin,
Sport-Journalistin und ausgebildete
Aerobic-Trainerin. Sie schreibt für
verschiedene Zeitungen und Zeit-
schriften über Themen aus Sport,
Fitness und Gesundheit sowie über
neue Bewegungs-Trends. Aerobic
gehört zu ihren Spezialgebieten. Im
Sportverlag Berlin sind bereits meh-
rere Bücher von ihr erschienen.

ISBN 3-328-00908-6

© 2001 by Sportverlag Berlin
in der Econ Ullstein List Verlag GmbH & Co KG, München

Lektorat: Julia Niehaus
Umschlaggestaltung: Volkmar Schwengle/Buch und Werbung, Berlin
Titelfoto und Fotos: Camera 4, Berlin
Lithografie: Lithotronic Creative Repro GmbH, Frankfurt
Layout und Produktion: Prill Partners|producing, Berlin
Druck und Bindung: Druckerei Uhl, Radolfzell
Printed in Germany 2001

Gedruckt auf alterungsbeständigem Papier
mit chlorfrei gebleichtem Zellstoff

## *Mit Fitness im Trend*

Eigentlich kommt heute keiner mehr an Fitness vorbei. Fitness gehört für immer mehr Menschen fast schon zum Leben wie die Grundbedürfnisse Essen und Schlafen. Wer sich fit hält, seinen Körper bewußt pflegt und aktiv lebt mit Sport, mit Bewegung und mit Fitness, der ist »in«. Denn wer fit ist, kann mithalten mit den Anforderungen des täglichen Lebens. Fitness heißt, die Figur formen, Fett verlieren und Muskeln aufbauen. Fitness heißt auch Auspowern, mal an die körperlichen Grenzen gehen. Aber genauso meint Fitness Ruhe und Ausgleich finden zum hektischen oder monotonen Alltag, Abwechslung zu den gewohnten, oft eintönigen Bewegungen. Nicht zuletzt kann Fitness aber auch »nur« Fun und Lebensfreude pur sein.

Mit der neuen Power-Reihe »Mit Fitness im Trend« bringt der Sportverlag jetzt kleine, handliche Ratgeber zu Fitness-Themen heraus, die gerade »in« sind – oder es

gewiß bald sein werden. Ob im Fitness-Studio oder im Sport-Verein. Diese Ratgeber sind für Fitness-Begeisterte und Trendsetter genauso interessant, wie für Übungsleiter und Trainer. Sie enthalten das notwendige Basiswissen, wichtige Grundlagen, viele Tipps und zahlreiche Anregungen. Lassen Sie sich von den Trends überzeugen und machen Sie einfach mit!

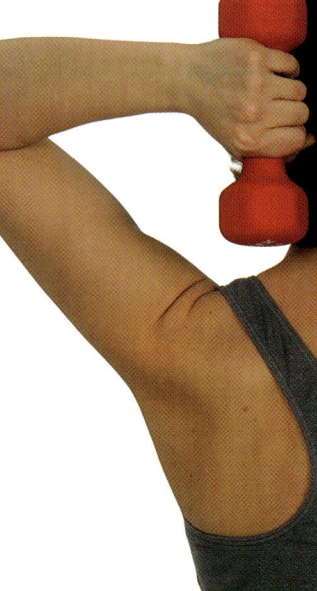

## Hantel-Training für zu Hause

Vielleicht kennen Sie aus dem Fitness-Studio oder dem Sport-Verein schon Kurse wie »Bodyshaping«, »Fatburner«, »Pump« oder »Hot-Iron« – jetzt können Sie auch zu Hause etwas für Ihren Körper und Ihre Muskeln tun! Hanteln und Fußgelenkgewichte sind praktische kleine Trainingshelfer. Sie sind preisgünstig, stehen, einmal angeschafft, immer zur Verfügung, sind pflegeleicht und nehmen nicht viel Platz ein. Wenn Sie sich nicht gleich zum Kauf eines Hantel-Sets entschließen können, probieren sie es anfangs mit kleinen Plastikflaschen, die Sie mit Wasser oder Sand füllen.

Die Investition lohnt sich auf jeden Fall, denn Hanteln sind fast kleine »Wundermittel«. Mit ihnen lassen sich auf sanfte und gelenkschonende Weise alle wichtigen Muskeln gezielt trainieren. Außerdem kann das Ausdauertraining mit ihnen intensiviert werden. Neben einer Matte, einem Stuhl und einem Handtuch sind auch weiter keine »Fitnessgeräte« für ein effektives Training in häuslicher Umgebung notwendig.

Auch wenn Sie vielleicht schon ein wenig Erfahrung haben, sollten Sie zu Beginn ein wenig Theorie absolvieren, wenige Seiten, die Ihnen aufzeigen, wie Sie stets Freude am Training haben und schon bald Erfolge sehen können.

Was Sie über Hantel-Training wissen sollten

Das Training mit Gewichten gehört zum Ursprung allen Fitness-Trainings. Mit Bodybuilding begann in den 1980er Jahren das bewußte und intensive Kräftigen der Muskulatur. Doch keine Angst vor riesigen Muskelmassen! In diesem Buch geht es vorrangig um ein gesundheitsorientiertes und gemäßigtes Training, welches vor allem die vernachlässigte Muskulatur stärkt, ohne »Muskelberge« aufzubauen.

Gewichte werden im Fitness-Bereich vor allem genutzt, um sämtliche Trainingswirkungen auf die Muskulatur zu verstärken. Anders als bei den großen Muskelmaschinen in den Sportstudios, die oft nur einen bestimmten Muskel »bearbeiten«, lassen sich beim Hantel-Training mit einem »Gerät« problemlos alle wichtigen Muskeln bzw. großen Muskelgruppen trainieren. Und bei den kleinen Handgeräten geschieht der Muskelaufbau in sanfter Form. Mit ihnen können die Muskeln natürlicher, beständiger und »alltagstauglich« geformt werden.

Hantel-Training stellt ein optimales Muskel-Training dar, es ist vielseitig, attraktiv, erfolgreich – wenn man es richtig macht und nicht übertreibt!

## Für wen Hantel-Training geeignet ist

Hantel-Training kann jeder machen, ob Fitness-Einsteiger oder -Erfahrener. Und Hantel-Training ist nicht nur 'was für Männer; besonders Frauen finden Gefallen am Training mit den eher niedrigen Gewichten. Für junge Menschen wie für schon etwas ältere – die Muskeln zu trainieren, schadet so schnell niemandem. Und die Möglichkeiten des Einsatzes sind vielfältig: Hantel-Training als Grundprogramm für ein neues Fitness-Vorhaben, um dem Muskelabbau im Alter vor-

zubeugen oder als Ergänzung zu vielleicht schon betriebenen Ausdauersportarten wie Inline-Skaten, Radfahren oder Schwimmen. Wer den ganzen Tag im Büro sitzt oder beruflich viel stehen muß, weiß um die negativen körperlichen Folgeerscheinungen einseitiger Belastungen wie Haltungs-Schäden, Knieproblemen oder Rückenschmerzen. Hantel-Training setzt genau da an und hilft dem Körper systematisch.

Einzige Voraussetzung: Sie sind gesund und Ihr Hausarzt hat nichts dagegen! Wenn Sie lange nicht aktiv waren, nicht sicher sind oder nicht wissen, was Sie sich zumuten können, fragen Sie Ihren Arzt. Er, oder auch ein Sportarzt, kann für Sie individuelle Belastungsgrenzen festlegen und wichtige persönliche Trainingshinweise geben.

## Wie Hantel-Training auf Ihren Körper wirkt

Kraft ist die Fähigkeit des Muskels, Widerstände durch willkür-

liche Muskelkontraktion zu überwinden bzw. äußeren Kräften ent-
gegenzuwirken. Oder anders
gesagt: Kraft ist die Fähigkeit,
Bewegungen gegen einen bestimmten Widerstand auszufüh-
ren.

Hantel-Training aktiviert und kräftigt die Muskeln und verbessert die muskuläre Kapazität. Ein regelmäßiger Trainingsreiz (hier durch das Bewegen von Widerständen bzw. Hanteln) kann den Muskelumfang gezielt und bewußt verändern. Dazu muß der Reiz aber regelmäßig erfolgen und im Vergleich zu einer vorherigen Beanspruchung höher sein.

Mehr Muskelmasse zu haben, bedeutet gleichzeitig insgesamt besser auszusehen. Weil der Körper durch das Training sanft »modelliert« wird, die Figur sich strafft und auch mehr Fett verbrannt wird.

Kräftige oder gestärkte Muskeln

helfen zudem den Knochen und Gelenken bei ihren Funktionen. Sie unterstützen das Skelett bzw. den Stütz- und Bewegungsapparat, schützen es vor Fehlbelastungen und beugen Verletzungen vor.

> **Tipp**
>
> *Hanteln sind kleine „Allround-Talente" auf dem Weg zu Fitness und Wohlbefinden. Verstauen sie Ihre neuen Trainingshelfer nicht irgendwo, sondern so, dass sie jederzeit verfügbar sind.*

Das Fitness-Training hat somit eine Reihe positiver Auswirkungen auf Ihre Gesundheit. Es steigert Ihre allgemeine Leistungsfähigkeit und es wirkt sich positiv auf das Herz-Kreislauf-System, die Herzfrequenz und den Blutdruck aus. Die Fettverbrennung kommt in Schwung, es kommt zu einer besseren Sauerstoffausnutzung und einer gesteigerten Durchblutung aller Organe.

Mit Hantel-Training werden Sie auch ein ganz neues Körpergefühl und Körperbewußtsein erleben. Durch das gezielte Stärken der Muskeln verbessert sich Ihre Haltung, die Muskeln sind straffer und Sie bewegen sich bewußter. Als Nebeneffekt führt es zu einem neuen Selbstwertgefühl, ja, Selbstbewußtsein. Außerdem bringt regelmäßiges Training ein besseres Allgemeinbefinden mit sich, seelisches Gleichgewicht, gute Laune – und mehr Gelassenheit im Alltag. Kurz: Mit dem richtigen Hantel-Training werden Sie sich rundum wohl fühlen!

## Diese Muskeln sollen trainiert werden

Mit Muskeln sind alle an der Bewegung des Körpers beteiligten Skelettmuskeln gemeint. Sie gehören zum aktiven Teil des menschlichen Stütz- und Bewegungsapparates. Frauen haben etwa einen Muskelanteil von 35 Prozent des Gesamtkörpergewichtes, Männer etwa 40 Prozent. Unsere Muskulatur läßt sich durch Sport und Fitness sehr gut trainieren.

Es gibt Muskeln, die zur Ab-schwächung neigen und solche, die eher zur Verkürzung tendieren. Abgeschwächte müssen gekräftigt, verkürzte mit Stretchingübungen gedehnt werden.

Sie sollten generell nicht nur Ihre Lieblingsmuskeln trainieren, sondern auch weniger beliebte. So beheben Sie muskuläre Dysbalancen (Ungleichgewichte), erhalten die Symmetrie des Körpers und vermeiden Haltungsschäden. Wichtig ist, immer beide, das Paar der sich gegenüberliegenden Muskeln zu trainieren, wie Bizeps und Trizeps oder vorderer und hinterer Oberschenkel. Auch müssen die Körperseiten ausgewogen trainiert werden, weder die rechte noch die linke Seite sollte vernachlässigt werden. Es wäre dabei keinesfalls überraschend, wenn Ihnen links schwerer fallen sollte, da die meisten Menschen auf eine Seite – die rechte – fixiert sind.

Es gibt über 400 Skelettmuskeln – in diesem Buch geht es vor allem um die Kräftigung der Hauptmuskelgruppen bzw. um alle großen Muskeln. Dementsprechend finden Sie Übungen für die Schultermuskeln, die Muskeln der Ober- und Unterarme, die Brustmuskeln, die geraden und schrägen Bauchmuskeln, den oberen, mittleren und unteren Rücken, das Gesäß und die Hüften, die Ober- und Unterschenkel und die Waden.

## So trainieren Sie richtig mit Hanteln

Sie sollten nicht einfach drauf los trainieren, sondern unbedingt einige trainingsmethodische Prinzipien beachten. Denn nur so ist ein positiver Trainings-Effekt zu erwarten.

### Häufigkeit und Dauer

Wenn Sie mit dem Hantel-Training beginnen, sollten Sie zweimal pro Woche üben, später in der Regel dreimal. Dazwischen muß immer eine Pause von mindestens einem Tag eingelegt werden, damit sich die Muskeln einerseits auf die höhere Belastung einstellen und anpassen können, und andererseits ausruhen und entspannen. Setzen Sie die Traningsreize zu häufig, werden die Muskeln schlicht überlastet. Eine Trainingseinheit sollte etwa von 30 bis 50 Minuten dauern. Versuchen Sie, für sich einen Trainingsrhythmus zu finden und Ihr Training im Wochenplan als richtigen »Termin« aufzunehmen. Am besten Sie trainieren immer um die gleiche Zeit, damit das Training fester Bestandteil wird. Wichtiger, als es nur selten zu übertreiben, ist die Regelmäßigkeit!

### Wiederholungen und Gewichte

Eine Bewegung sollte mehrfach wiederholt werden. Die Wiederholung einer Bewegung ohne Unterbrechung nennt man einen Satz. Er beinhaltet ca. 8 bis 15 Wiederholungen. Danach wird immer eine Pause eingelegt. Fortgeschrittene wiederholen danach wiederum satzweise.

Das ideale Hantelgewicht hängt von der vorhandenen Kraft ab. Zu Beginn Ihres Hantel-Trainings sollten Sie ein Gewicht wählen, welches Sie bei korrekter Übungsausführung mühelos 15mal bewegen können. Die letzten Wiederholungen dürfen Ihnen ruhig schwer fallen, aber sie sollten noch machbar sein. Fällt die Übung zu leicht bzw. schaffen Sie mehr als 20 Bewegungen, wählen Sie das nächst höhere Gewicht. Fällt die Übung zu schwer bzw. schaffen Sie weniger als 10mal, müssen Sie das Gewicht reduzieren.

Je nach Ihrem Trainingsziel bewirken kleine Widerstände mit relativ hohen Wiederholungszahlen eine Muskelstraffung, während große Widerstände bzw. hohe Gewichte eher einen stärkeren Muskelaufbau fördern.

## Motivation und Erfolg

Haben Sie Geduld und gehen Sie nicht täglich auf die Waage! Betrachten Sie sich im Spiegel, was für ein Körpertyp sind Sie? Haben Sie breite Schultern und schmale Hüften oder eher umgekehrt? Seien Sie ehrlich, denn der Knochenbau steht fest, daran läßt sich auch mit Hantel-Training nichts ändern. Jedoch die Muskulatur, die sie umgibt, ist beeinflußbar. Erspüren Sie Ihren Körper, Ihre Proportionen und Ihre Muskeln. Eventuell können Sie ab und zu ein Maßband anlegen, um Erfolge zu »messen«. Doch je nach Häufigkeit, Intensität und Übungsausführung sind schon etwa sechs Wochen Training dafür notwendig.

Stecken Sie sich Ihre Ziele nicht zu hoch, sie müssen wirklich erreichbar sein. Überschätzen Sie sich nicht, sonst macht das Trainieren schon bald keinen Spaß mehr. Und halten Sie sich beim Training genau an die Anleitungen. Wenn Sie sich nicht allein zum Trainieren überwinden können, fragen Sie einen Freund oder eine Freundin, ob sie Lust haben mitzumachen. Und: Die Lieblingsmusik im Hintergrund hilft bestimmt beim Beginn mit dem Hantel-Training.

## Hanteln und Hilfsmittel, die sie brauchen

Für ein sinnvolles und wirkungsvolles Workout brauchen Sie eine Auswahl an Hanteln in verschiedenen Größen und Ausführun-

**Tipp**

Hantel - Training können
sie überall machen:
Wenn sie beruflich viel
unterwegs sind oder im
Urlaub – Nehmen sie die
kleinen „Geräte" doch
einfach mit!

gen sowie Fußgelenkgewichte. In guten Sportläden gibt es dazu für jeden Geschmack etwas: verschiedene Farben und Materialien, preiswerte Einzelteile, günstige Sets.

## Hanteln und Fußgelenkgewichte

Der Sportartikelhersteller ALEX ATHLETICS bietet stabile, aus Eisen gegossene Hanteln an, die mit einer dicken Neoprenschicht überzogen sind. Sie liegen gut in der Hand, rutschen nicht weg und sind leicht zu reinigen. Vorerst genügen Hanteln von 1 bis 3 Kilogramm. ALEX kennzeichnet die verschiedenen Gewichte farblich: 1 Kilogramm (gelb), 2

Kilogramm (rot) und 3 Kilogramm (türkis).

Handgewichte, »Handweights« oder »Heavyhands« mit Halteschlaufen ermöglichen das Trainieren mit einem noch geringeren Gewicht von 500 Gramm. Neben dem Krafttraining lassen sie sich auch gut beim Laufen oder Walking einsetzen. Von ALEX gibt es Handgewichte mit auf- bzw. abschraubbaren Gewichten. Für das Trainieren der unteren Körperregion brauchen Sie Fußgelenkgewichte. Am besten sind solche mit mehreren Kleingewichten, bei denen das Gesamtgewicht variiert werden kann. ALEX bietet eine Variante mit breitem Klettverschluß und

hautfreundlicher Innenseite an. Die roten wiegen bis zu 2, die silbernen bis zu 4 und die schwarzen bis zu 6 Kilogramm.

## Übungsmatte, Stuhl und Handtuch

Neben den Hanteln brauchen Sie eine stabile und rutschfeste Matte, da viele Übungen auf dem Boden oder in bodennahen Positionen ausgeführt werden. Auch hier ist das Angebot groß. Die meisten Matten sind stoffüberzogen und bestehen aus verschiedenen Schaumstoffmaterialien. Sehr angenehm, da körperwarm und darüber hinaus hautfreundlich und strapazierfähig sind Matten aus »geschlossenzelligem« Schaumstoff. Sie bieten optimale Dämpfungseigenschaft d.h. ausreichend Schutz vor Verletzungen.

Verstauen Sie Ihre neuen Trainingshelfer nicht in irgendeiner Ecke, unterm Sofa oder hinterm Schrank. Geben Sie ihnen einen Platz, an dem sie jederzeit greifbar sind. Sonst verführt die Mühe, sie hervorzukramen vielleicht dazu, lieber gar nichts zu tun.

Zwei Dinge, die Ihr Training unterstützen werden: Ein einfacher Stuhl oder Hocker, damit Sie sich bei einigen Bewegungen abstützen können, um unbeteiligte Muskeln und Gelenke zu fixieren. Und ein Handtuch, das – zusammengerollt – in der Bauchlage die Lendenwirbelsäule entlastet.

## Bekleidung und Schuhe

Eine besondere Bekleidung ist für das Hantel-Training nicht nötig. Es genügen ein T-Shirt und eine Hose, die jeder zu Hause in seinem Schrank hat. Sie können sich für Ihr Trainingsvorhaben allerdings auch ein neues Outfit zulegen. Das macht gleich bessere Stimmung und mehr Lust auf sportliche Bewegung. Nur bequem sollte die Bekleidung sein, nicht einengen, nicht verrutschen; Sie müssen sich wohl fühlen. Wer sich etwas neues kaufen will: Baumwolle mit Lycra oder Gemische mit Lycra sind bestens geeignet. Sie sind angenehm zu tragen, sind dehnbar, luftdurchlässig und saugen den Schweiß auf. Die Sportbekleidung der

Firma DANSKIN ist funktionell und modisch zugleich. Ihre Modelle zeichnen sich durch eine besondere Passform und gelungene Schnitte aus.

Richtige Sportschuhe sind besonders wichtig. Sie sollten fest sein, einen stabilen Stand ermöglichen, sicheren Halt geben und - passen! Gute Schuhe haben eine Verstärkung im Vorderfuß und verhindern durch Längs- und Seitenstabilät das Umknicken. Außerdem haben sie eine Einkerbung für die Achillessehne, sind atmungsaktiv und luftdurchlässig. Die Aerobicschuhe von RYKÄ sind speziell für Damenfüße konzipiert. Sie passen sich der weiblichen Anatomie des Fußes an und sind auf Damenleiten gefertigt. Gymnastikschuhe sind für das Hantel-Training weniger geeignet, da doch mal ein Gewicht herunterfallen kann …

## Wie eine Trainingsstunde aufgebaut ist

Eine Trainingsstunde mit Hanteln sollte wie jede andere sportliche Übungseinheit aufgebaut sein. Sie besteht aus dem Aufwärmen, dem Hauptteil je nach Sportart bzw. Trainingsziel und dem Abwärmen und Ausklang, dem Cool Down.

### Warm Up
Um den gesamten Körper auf die nachfolgenden Belastungen vor-

**Tipp**

*Achten Sie beim Trainieren immer auf Ihre Handgelenke. Diese dürfen nicht nach oben oder unten abknicken. Verringern Sie eher das Gewicht, um die Hanteln korrekt zu halten.*

zubereiten ist es notwendig, das Herz-Kreislauf-System anzuregen und Muskeln und Gelenke zu erwärmen. Dadurch wird die Verletzungsanfälligkeit herabgesetzt und gleichzeitig die Reaktionsfähigkeit erhöht. Auch psychisch hilft das Aufwärmen, sich auf die neue Tätigkeit einzustellen: Man schaltet vom Alltag ab, läßt den Stress abfallen, um sich ganz dem Üben hingeben zu können. Zum Aufwärmen eignen sich leichte, unkomplizierte Bewegungen, wie Seilspringen oder Treppenlaufen, Ergometer fahren oder Steppen. Sie können aber auch zu Beginn des Trainings draußen etwas Inline-Skaten, Radfahren, Laufen oder Walken. Andernfalls wählen Sie einfache Übungen, die die Muskeln bereits leicht ansprechen. Dazu nehmen Sie die kleinsten Gewichte, die Heavy-Hands. So bekommen Sie ein erstes Gefühl für das Hantel-Training.

Das Aufwärmen soll etwa 5 bis 10 Minuten dauern.

### Hauptteil mit Hantel-Training

Das Training mit den Hanteln stellt den Hauptteil der Trainings-Stunde dar. Um gezielt Effekte bei der Muskelkräftigung oder Muskelstraffung zu erreichen, muss hier besonders systematisch gearbeitet werden. Wichtig ist, alle Muskeln in das Training einzubeziehen und die großen Muskeln zuerst zu trainieren. Also erst Beine, Brust und Rücken, dann Gesäß, Arme und den Bauch. Die Bauchmuskeln sollte man immer zuletzt trainieren, da sie der Stabilisation des Körpers dienen und daher an allen Übungen beteiligt sind. Sie dürfen nicht von Anfang an bzw. vorzeitig ermüden.

Denken Sie an ein abwechslungsreiches Training, variieren

Sie die Übungen für gleiche Muskeln von Tag zu Tag.

Der Hauptteil soll etwa 20 bis 30 Minuten dauern.

Nutzen Sie in der ersten Phase Ihres Trainings den Trainingsplan am Ende des Buches als Hilfestellung. Er ist für die ersten acht Wochen gedacht und so aufgebaut, dass alle Muskeln systematisch beansprucht werden und das Gewicht ab der 5. Woche erhöht werden sollte. Später können Sie Ihre Übungen dann selbst zusammenstellen.

### Abwärmen und Cool Down

Die Trainingseinheit sollte mit einem ruhigen Teil ausklingen. Denn es ist wichtig, nicht abrupt nach dem Hantel-Training aufzuhören. Abwärmen beschleunigt die Erholungsvorgänge, wie die Normalisierung der Herzfrequenz, des Blutdrucks und des Muskeltonus; es sorgt auch für einen schnelleren Abtransport der sauren Stoffwechselschlacken aus der Muskulatur.

Ein wichtiger Teil des Abwärmens ist das Stretching, das gehaltene Dehnen (Haltezeit 30 Sekunden). Hierbei wird die beanspruchte Muskulatur wieder in ihre Ausgangsform gebracht, was dem ungeliebten »Muskelkater« entgegenwirkt. Zum Entspannen können Sie anschließend z.B. unter die warme Dusche gehen oder in der Badewanne abschalten. Lassen Sie es sich zum Abschluß rundum gut gehen, um positiv gestimmt das Training zu beenden.

Das Abwärmen soll etwa 5 bis 10 Minuten dauern.

*Wie sie sich mit Hanteln fit machen*

**1.** Denken Sie bei allen Bewegungen immer an die Grundspannung: Brust anheben, Bauch einziehen und Gesäß anspannen. Vermeiden Sie im Stand ein Hohlkreuz!

**2.** Beginnen Sie immer mit kleinen Gewichten. Erst wenn Sie die Übungen beherrschen und sicher in der Ausführung sind, sollten Sie die Gewichte steigern.

**3.** Fassen Sie die Hanteln so, dass vier Finger von oben und der Daumen von unten um die Mitte greifen.

**4.** Achten Sie besonders darauf, dass die Handgelenke immer gestreckt sind und nicht nach oben oder unten abknicken.

**5.** Bei Übungen mit gebeugten Kniegelenken sollen die Knie gelenkschonend immer in Richtung Fußspitzen bewegt werden.

**6.** Halten Sie Ellbogen- und Kniegelenke immer leicht gebeugt. Führen Sie die Bewegungen nie bis zum Anschlag aus, bzw. strecken Sie die Gelenke nie ganz durch.

**7.** Trainieren Sie ganz bewußt bzw. konzentrieren Sie sich auf die korrekte Ausführung der Übung. Wenn Sie die benannten Muskeln bei der Übung spüren, ist es richtig.

**8.** Üben Sie nicht mit Schwung und nicht ruckartig. Führen Sie die Hantel(n). Üben sie langsam, ohne vorgegebenen Rhythmus und nach Ihrem eigenen Tempo.

**9.** Atmen Sie ruhig, gleichmäßig und ohne zu pressen. Halten Sie den Atem beim Üben nicht an. Atmen Sie während der Muskelarbeit aus, und ein, wenn sich der Muskel entspannt.

**10.** Wenn Sie eine Übung nicht mehr korrekt ausführen können, wenn Atembeschwerden, Übelkeit, Schwindel oder Schmerzen auftreten – machen Sie eine Pause oder hören Sie ganz auf.

---

### Tipp

*Wenn sie diese Regeln befolgen, vermeiden sie Verletzungen und haben mehr Spaß am Trainieren.*

*Einfache Übungen zum Aufwärmen*

## 1 Marching (Marschieren)

✗ Nehmen Sie in jede Hand ein Handgewicht. Stellen Sie sich aufrecht hin,
denken Sie an die Grundspannung.

✗ Gehen Sie auf der Stelle. Setzen Sie dabei
mit der Fußspitze auf und rollen Sie den
Fuß bewußt bis zur Ferse ab. Die Arme dabei
schwungvoll mitnehmen.

✗ Wiederholen Sie die Übung mehrmals,
mindestens achtmal. Abwechselnd mit dem
rechten, dann dem linken Fuß beginnen.

## 2 Side to Side (Von einer Seite zur anderen)

✗ Lassen Sie in jeder Hand ein Handgewicht. Stellen Sie sich aufrecht
hin, die Füße sind mehr als schulterbreit geöffnet. Denken Sie an die
Grundspannung.

✗ Verlagern Sie nun das Gewicht von einer Seite zur anderen, bis nur
noch die Fußspitze den Boden berührt. Nehmen Sie dabei immer
einen Arm schwungvoll nach vorn.

✗ Wiederholen Sie die Übung mehrmals, mindestens achtmal.
Abwechselnd mit dem rechten, dann dem linken Fuß beginnen.

## 3 *Step touch (Seitwärtsschritt)*

✗ Halten Sie in jeder Hand ein Handgewicht.
Bleiben Sie aufrecht stehen und denken Sie
an die Grundspannung.

✗ Machen Sie einen Schritt zur Seite und
ziehen Sie den anderen Fuß nach. Die
Füße sind parallel. Nehmen Sie die Arme
schwungvoll mit.

✗ Wiederholen Sie die Übung mehrmals,
mindestens achtmal. Abwechselnd mit dem
rechten, dann dem linken Fuß
beginnen.

23

## 4 Schultern kreisen

✗ Halten Sie in jeder Hand ein Handgewicht. Stellen Sie sich mit wenigstens schulterbreit geöffneten Füßen hin. Die Ellbogen sind leicht gebeugt. Denken Sie an die Grundspannung.

✗ Kreisen Sie nun die Schultern rückwärts, dann vorwärts. Beugen Sie dazu im Rhythmus die Beine.

✗ Wiederholen Sie die Übung mehrmals, mindestens achtmal, sowohl rückwärts als auch vorwärts.

## 5 Heel dig (Ferse aufsetzen)

✗ Nehmen Sie in jede Hand ein Handgewicht. Stellen Sie sich aufrecht hin und denken Sie an die Grundspannung.

✗ Tippen Sie mit der Ferse kurz vor sich auf den Boden, das andere Bein ist immer leicht gebeugt. Die Arme werden dazu vor dem Körper gebeugt.

✗ Wiederholen Sie die Übung mehrmals, mindestens achtmal. Abwechselnd mit der rechten, dann der linken Ferse beginnen.

## 6 Knee lift (Knie heben)

✗ Halten Sie in jeder Hand ein Handgewicht und stellen Sie sich aufrecht hin. Denken Sie an die Grundspannung.

✗ Heben Sie ein Knie nach vorn oben ab, nicht höher als bis zur Hüfte. Führen Sie dabei die Arme mit nach vorn.

✗ Wiederholen Sie die Übung mehrmals, mindestens achtmal. Abwechselnd mit dem rechten, dann dem linken Knie beginnen.

*Übungen für Schultern und Arme*

## 7 Delta- und Schultergürtelmuskeln

✗ Nehmen Sie in jede Hand eine Hantel. Setzen Sie sich oder stellen Sie sich aufrecht hin. Denken Sie an die Grundspannung. Die Arme hängen locker am Körper.

✗ Führen Sie nun die Arme bis auf Schulterhöhe in die Seithalte, die Ellbogengelenke dabei nicht ganz strecken.

✗ Wiederholen Sie die Übung 15mal.

## 8 Delta- und Schultergürtelmuskeln

✗ Nehmen Sie in jede Hand eine Hantel. Bleiben Sie
sitzen oder aufrecht stehen. Denken Sie an die Grundspannung. Die Arme hängen locker am Körper.

✗ Führen Sie nun die Arme bis auf Schulterhöhe
vor den Oberkörper, die Ellbogengelenke sind leicht
gebeugt.

✗ Wiederholen Sie die Übung 15mal.

## 9 Delta- und Schulter-gürtelmuskeln

✗ Halten Sie in jeder Hand eine
Hantel. Setzen Sie sich oder stellen Sie sich aufrecht hin und
denken Sie an die Grundspannung. Die Arme hängen locker
am Körper.

✗ Ziehen Sie nun die Ellbogen bis
auf Schulterhöhe nach oben
bzw. die Hanteln vor die Brust.

✗ Wiederholen Sie die Übung
15mal.

## 10 Delta- und Schultergürtel-muskeln

✗ Nehmen Sie in jede Hand eine Hantel. Bleiben Sie sitzen oder aufrecht stehen und denken Sie an die Grundspannung. Nehmen Sie die gebeugten Arme auf Schulterhöhe in die Seithalte.
✗ Führen Sie nun kraftvoll die Ellbogen nach oben, die Arme dabei nicht ganz strecken.
✗ Wiederholen Sie die Übung 15mal.

### 11 *Bizeps*

✗ Nehmen Sie in jede Hand eine Hantel. Bleiben Sie sitzen oder stellen Sie sich aufrecht hin und denken Sie an die Grundspannung. Nehmen Sie die Arme rechtwinklig rechts und links an den Oberkörper.

✗ Beugen Sie nun die Arme. Es bewegen sich nur die Unterarme, der Rücken bleibt dabei gerade.

✗ Wiederholen Sie die Übung 15mal.

### 13 Trizeps

✗ Halten Sie in der rechten Hand eine Hantel. Knien Sie sich auf den Boden und stützen Sie sich mit der rechten Hand ab.

✗ Beugen Sie den linken Arm und führen Sie nun kraftvoll den Unterarm nach hinten. Der Rücken bleibt dabei gerade.

✗ Wiederholen Sie die Übung 15mal, dann die Seite wechseln.

### 12 Bizeps

✗ Halten Sie in der rechten Hand eine Hantel. Setzen Sie sich auf einen Stuhl bzw. Hocker. Legen Sie den rechten Ellbogen an den rechten Oberschenkel.

✗ Beugen Sie nun den rechten Arm. Es bewegt sich nur der Unterarm, der Rücken bleibt dabei gerade.

✗ Wiederholen Sie die Übung 15mal, dann die Seite wechseln.

## 14 *Trizeps*

✗ Halten Sie in der rechten Hand eine Hantel. Stellen Sie sich
  aufrecht hin, denken Sie an die Grundspannung. Nehmen
  Sie den rechten Arm nach oben und beugen sie den Arm
  am Ellbogengelenk. Die linke Hand stützt den Oberarm.

✗ Führen Sie nun die Hantel kraftvoll nach oben. Es bewegt
  sich nur der Unterarm.

✗ Wiederholen Sie die Übung 15mal, dann die Seite wechseln.

*Übungen für Brust,*
*Bauch und Rücken*

### 15 Großer Brustmuskel

✗ Halten Sie in jeder Hand eine
Hantel. Stellen Sie sich aufrecht hin und denken Sie an
die Grundspannung. Nehmen
Sie die Arme auf Schulterhöhe in die Seithalte, die Ellbogengelenke sind gebeugt
der Unterarm ist senkrecht.
✗ Führen Sie nun kraftvoll
die Ellbogen vor der Brust
zusammen.
✗ Wiederholen Sie die Übung
15mal.

### 16 Großer Brustmuskel

✗ Nehmen Sie in jede Hand eine
Hantel. Legen Sie sich auf den
Rücken, die Füße stellen Sie
hüftweit auf.
✗ Führen Sie die Hanteln von der
Seite bzw. rechts und links vom
Boden über Ihrer Brust zusam-
men. Die Ellbogen sind dabei
leicht gebeugt. Achten Sie dar-
auf, dass der untere Rücken am
Boden bleibt.
✗ Wiederholen Sie die Übung
15mal.

### 17 Großer Brustmuskel

✗ Halten Sie in jeder Hand eine
Hantel. Legen Sie sich auf den
Rücken, die Füße stellen Sie
hüftweit auf.

✗ Führen Sie die Hanteln über
Ihrer Brust zusammen und
dann kraftvoll hinter Ihren Kopf.
Sie sollten aber nicht den Boden berühren. Die Ellbogen
sind dabei leicht gebeugt. Der
untere Rücken bleibt am Boden.

✗ Wiederholen Sie die Übung
15mal.

## 18 Großer Brustmuskel

✗ Nehmen Sie in jede Hand eine Hantel. Legen Sie sich
auf den Rücken, die Füße stellen Sie hüftweit auf.

✗ Führen Sie die Hanteln über Ihrer Brust zusammen
und dann kraftvoll rechts und links zur
Seite. Die Ellbogen führen die Bewegung. Achten Sie darauf, dass der untere
Rücken am Boden bleibt.

✗ Wiederholen Sie die Übung 15mal.

## 19 Gerade Bauchmuskeln

✗ Legen Sie sich auf den Rücken. Die Füße stellen Sie hüftweit auf.
Halten Sie eine Hantel mit beiden Händen vor dem Oberkörper.

✗ Führen Sie die Hantel zu den Knien und heben Sie dabei nur
den Oberkörper, also Kopf und Schultern, vom Boden ab. Der
untere Rücken bleibt am Boden.

✗ Wiederholen Sie die Übung 15mal.

## 20 *Schräge Bauchmuskeln*

✗ Bleiben Sie in der Rückenlage. Der rechte Fuß ist aufgestellt, der linke liegt auf dem rechten Knie. Fassen Sie wieder eine Hantel mit beiden Händen.

✗ Führen Sie die Hantel zum oberen Knie, drehen Sie dabei leicht den Oberkörper mit. Wieder nur Kopf und Schultern vom Boden heben. Der untere Rücken bleibt am Boden.

✗ Wiederholen Sie die Übung 15mal, dann die Seite wechseln.

## 21 Gerade Bauchmuskeln

✗ Legen Sie beide Fußgelenkgewichte
an und begeben Sie sich in die
Rückenlage. Heben Sie beide Beine
etwa im rechten Winkel an, die Knie
sind leicht gebeugt, Arme an der
Seite.

✗ Heben Sie nun das Gesäß vom
Boden ab, indem Sie die Bauchmuskeln anspannen. So, als ob
jemand die Füße nach oben ziehen
wollte. Führen Sie die Bewegung
ohne Schwung aus.

✗ Wiederholen Sie die
Übung 15mal.

## 22 Obere Rückenmuskeln

✗ Nehmen Sie in jede Hand eine Hantel. Stellen Sie sich aufrecht hin, denken Sie an die Grundspannung. Bringen Sie die Arme in die Vorhalte, die Ellbogen sind leicht gebeugt.
✗ Ziehen Sie nun die Hanteln auf Brusthöhe zurück, bis sie etwa die Brust erreicht haben, Schulterblätter dabei zusammen ziehen. Die Ellbogen führen die Bewegung.
✗ Wiederholen Sie die Übung 15mal.

## 23 Obere Rückenmuskeln

✗ Nehmen Sie in jede Hand eine Hantel. Setzen Sie sich auf einen Hocker, einen Stuhl, oder gehen Sie in den Kniestand und stellen Sie einen Fuß vor sich auf. Legen Sie den Oberkörper auf den Oberschenkel ab.
✗ Heben Sie nun die Arme seitlich bis in Schulterhöhe. Die Ellbogen sind dabei leicht gebeugt. Kopf und Rücken bilden eine Linie.
✗ Wiederholen Sie die Übung 15mal.

## 24 Obere Rückenmuskeln

✗ Halten Sie in jeder Hand eine Hantel. Stellen Sie sich aufrecht
hin, denken Sie an die Grundspannung. Strecken Sie die Arme
nach oben, dabei die Ellbogen leicht beugen.

✗ Führen Sie nun die Hanteln auf Schulterhöhe herunter, bis
sie etwa Schulterhöhe erreichen, dabei die Schulterblätter
zusammen ziehen. Die Bewegung wird von den Ellbogen geführt.

✗ Wiederholen Sie die Übung 15mal.

Übungen
für Gesäß,
Oberschenkel
und Waden

## 25 Gesäßmuskeln

✗ Behalten Sie in jeder Hand eine Hantel. Stellen Sie sich aufrecht hin, denken Sie an die Grundspannung. Die Füße sind parallel hüftbreit aufgestellt. Die Hanteln liegen auf den Oberschenkeln auf.

✗ Beugen Sie die Knie. Der Oberkörper bewegt sich dabei mit geradem Rücken nach vorn, das Gesäß wird bewußt nach hinten geschoben bzw. rausgestreckt.

✗ Wiederholen Sie die Übung 15mal.

## 27 Vorderer Oberschenkel

✗ Nehmen Sie in jede Hand eine
Hantel und legen Sie sie auf
den Schultern ab. Stellen Sie
sich aufrecht hin, die Beine sind
weit geöffnet, die Knie zeigen
über die Fußspitzen. Achten
Sie auf die Grundspannung.
✗ Beugen Sie nun die Knie,
der Oberkörper bleibt dabei
aufrecht.
✗ Wiederholen Sie die
Übung 15mal.

## 26 Gesäßmuskeln

✗ Legen Sie die Fußgelenkgewichte an und stützen Sie sich in der
Bankstellung auf die Unterarme. Spannen Sie Bauch und Gesäß
fest an, vermeiden Sie ein Hohlkreuz.
✗ Heben Sie nun das rechte Bein angewinkelt nach oben, der Fuß
führt zur Decke.
✗ Wiederholen Sie die Übung 15mal, dann die Seite wechseln.

## 28 Vorderer Oberschenkel

✗ Halten Sie in jeder Hand eine Hantel
und nehmen Sie sie an die Hüften.
Machen Sie einen großen Schritt nach
vorne, der Körperschwerpunkt befindet
sich in der Mitte.
✗ Beugen Sie langsam die Knie, der Oberkörper bleibt dabei aufrecht. Das hintere
Knie geht nicht tiefer als die hintere
Ferse.
✗ Wiederholen Sie die Übung
15mal, dann die Seite
wechseln.

## 29 Hinterer Oberschenkel

✗ Legen Sie die Fußgelenkgewichte an. Begeben Sie sich in die
Bauchlage und legen Sie ein zusammengerolltes Handtuch
unter den Bauch. Bauch und Gesäß sind angespannt. Die Stirn
legen Sie auf dem Handrücken ab.
✗ Heben Sie das linke Bein etwas vom Boden ab und führen Sie nun
den Fuß mit dem Gewicht zum Gesäß.
✗ Wiederholen Sie die Übung 15mal, dann die Seite wechseln.

### 30 Schenkelaußenseite

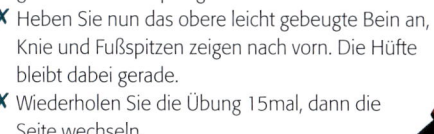

✗ Legen Sie die Fußgelenkgewichte an. Legen Sie sich auf die Seite. Das untere Bein ist gebeugt, das andere fast gestreckt. Den Kopf legen Sie auf dem unteren Arm ab.

✗ Heben Sie nun das obere leicht gebeugte Bein an, Knie und Fußspitzen zeigen nach vorn. Die Hüfte bleibt dabei gerade.

✗ Wiederholen Sie die Übung 15mal, dann die Seite wechseln.

### 31 Schenkelinnenseite

✗ Die Fußgelenkgewichte bleiben an den Füßen, Sie liegen in der Seitlage. Stellen Sie den Fuß des oberen Beins hinter dem anderen auf. Das untere Bein ist leicht gebeugt. Den Kopf legen Sie auf dem unteren Arm ab.

✗ Heben Sie nun das untere Bein an. Knie und Fußspitzen zeigen wieder nach vorn, die Hüfte bleibt dabei gerade.

✗ Wiederholen Sie die Übung 15mal, dann die Seite wechseln.

### 32 Schenkelinnen- und -außenseite

✗ Legen Sie beide Fußgelenkgewichte an und begeben Sie sich in die Rückenlage. Heben Sie beide Beine fast gestreckt nach oben.

✗ Öffnen und schließen Sie nun langsam die Beine. Drücken Sie dabei die Lendenwirbelsäule auf den Boden und vermeiden Sie ein Hohlkreuz.

✗ Wiederholen Sie die Übung 15mal.

## 33 Wadenmuskeln

✗ Nehmen Sie in jede Hand eine Hantel
und stellen Sie sich aufrecht hin. Denken Sie
an die Grundspannung. Legen Sie
die Hanteln auf den Schultern ab.

✗ Heben Sie nun die Fersen vom Boden ab
bzw. drücken Sie sich in den Zehenstand.

✗ Wiederholen Sie die Übung 15mal.

## 34 Wadenmuskeln

✗ Legen Sie die Fußgelenkgewichte
an. Stellen Sie sich wieder
aufrecht hin und denken Sie an
die Grundspannung. Legen Sie ein
Fuß an die andere Wade an.

✗ Heben Sie nun die Ferse vom Boden bzw. drücken Sie sich in den
Zehenstand hoch.

✗ Wiederholen Sie die Übung
15mal, dann die Seite wechseln.

Cool Down mit Stretching

## 35 Trizeps

✗ Stehen Sie aufrecht und denken Sie an
die Grundspannung. Nehmen Sie einen
Arm nach oben und beugen Sie ihn hinter
den Kopf. Die andere Hand greift nach
dem Ellbogen.

✗ Ziehen Sie langsam den Ellbogen hinter
dem Kopf zur Seite. Spüren Sie die Dehnung
der hinteren Oberarmmuskeln.

✗ Bleiben Sie etwa 30 Sekunden in dieser
Position, dann die Seite wechseln.

## 36 Schultergürtelmuskeln

✗ Stellen Sie sich aufrecht hin, denken Sie an die Grundspannung.
Nehmen Sie einen Arm nach vorn. Fassen Sie mit der anderen Hand
nach dem Ellbogen.

✗ Schieben Sie nun langsam den Arm zur Seite. Spüren Sie dabei die
Dehnung der Schultergürtelmuskeln.

✗ Bleiben Sie etwa 30 Sekunden in dieser Position, dann die Seite
wechseln.

## 37 Großer Brustmuskel

✗ Stellen Sie sich aufrecht hin und
denken Sie an die Grundspannung.
Nehmen Sie die Arme auf Schulterhöhe in die Seithalte, die Ellbogengelenke sind gebeugt.
✗ Führen Sie nun die Arme so weit wie
möglich nach hinten, der Oberkörper
bleibt dabei aufrecht. Spüren Sie die
Dehnung der Brustmuskeln.
✗ Bleiben Sie etwa 30 Sekunden in dieser
Position.

51

### 38 *Obere und untere Rückenmuskeln*

✗ Setzen Sie sich auf den Boden, die Füße sind mehr als hüftbreit
aufgestellt.

✗ Fassen Sie nun mit den Händen von innen an die Fußgelenke
und machen Sie dabei den Rücken rund. Spüren Sie die Dehnung
der gesamten Rückenmuskeln.

✗ Bleiben Sie etwa 30 Sekunden
in dieser Position.

### 39 *Gesäßmuskeln und Schenkelaußenseite*

✗ Begeben Sie sich in die Rückenlage. Der rechte Fuß ist aufgestellt,
der linke liegt auf dem rechten Knie bzw. Oberschenkel.

✗ Fassen Sie den rechten Oberschenkel und ziehen Sie ihn nun
vorsichtig zur Brust. Spüren Sie die Dehnung am Gesäßmuskel
und an der Außenseite der Oberschenkel.

✗ Bleiben Sie etwa 30 Sekunden in dieser Position, dann die Seite
wechseln.

## **40** *Oberschenkelinnenseite*

✗ In der Rückenlage bleiben. Die Füße sind geschlossen und nah
am Gesäß aufgestellt.

✗ Öffnen Sie nun langsam die Knie zur rechten und linken Seite,
so weit Sie es schaffen. Spüren Sie die Dehnung an der Innenseite
der Oberschenkel.

✗ Bleiben Sie etwa 30 Sekunden in dieser Position.

## 41 *Hüftbeuger*

✗ Machen Sie aus dem Stand einen großen Schritt nach vorn, legen Sie dann den hinteren Unterschenkel ab. Der Körperschwerpunkt befindet sich in der Mitte.

✗ Schieben Sie nun bewußt die Hüfte vor. Spüren Sie dabei die Dehnung im vorderen Hüftbereich.

✗ Bleiben Sie etwa 30 Sekunden in dieser Position, dann die Seite wechseln.

## 43 *Hinterer Oberschenkel*

✗ Legen Sie sich auf den Rücken. Der linke Fuß ist aufgestellt, das rechte Bein führen Sie fast gestreckt nach oben. Fassen Sie das rechte Bein an Oberschenkel oder Wade.

✗ Ziehen Sie es nun vorsichtig zur Brust. Spüren Sie die Dehnung an der Rückseite des Oberschenkels.

✗ Bleiben Sie etwa 30 Sekunden in dieser Position, dann die Seite wechseln.

## 42 *Vorderer Oberschenkel*

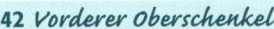

✗ Legen Sie sich auf die Seite, das untere Bein ist leicht gebeugt. Winkeln Sie das obere Bein an und fassen Sie es am Fuß.

✗ Ziehen Sie nun den Fuß zum Gesäß, dabei die Hüfte bewußt vorschieben. Spüren Sie die Dehnung im vorderen Oberschenkel.

✗ Bleiben Sie etwa 30 Sekunden in dieser Position, dann die Seite wechseln.

## 44 Wadenmuskeln

✗ Stellen Sie sich aufrecht hin, denken Sie an die Grundspannung.
  Machen Sie einen großen Schritt nach hinten und stellen Sie
  die Fußspitze auf. Der Körperschwerpunkt befindet sich über
  dem vorderen Bein, die Füße stehen parallel zueinander.

✗ Senken Sie nun vorsichtig die Ferse zum Boden. Spüren Sie
  dabei die Dehnung der Wadenmuskeln.

✗ Bleiben Sie etwa 30 Sekunden in dieser Position, dann die Seite
  wechseln.

*Trainingsplan*
*für acht Wochen*

| **1. Woche** | *je 1 x 15 Wiederholungen* | | | |
|---|---|---|---|---|
| **Aufwärmen** | | | | |
| 1 Marching | | | | |
| 2 Side to Side | | | | |
| 3 Step touch | | | | |
| 4 Schultern kreisen | | | | |
| 5 Heel dig | | | | |
| **Hantel-Training** | | | | |
| 27 Vorderer Oberschenkel | | | | |
| 32 Schenkelinnen- und außenseite | | | | |
| 33 Wadenmuskeln | | | | |
| 16 Großer Brustmuskel | | | | |
| 22 Obere Rückenmuskeln | | | | |
| 25 Gesäßmuskeln | | | | |
| 12 Bizeps | | | | |
| 13 Trizeps | | | | |
| 7 Delta- und Schultergürtelmuskeln | | | | |
| 19 Gerade Bauchmuskeln | | | | |
| **Stretching** | | | | |
| 42 Vorderer Oberschenkel | | | | |
| 40 Schenkelinnenseite | | | | |
| 39 Gesäßmuskeln und Schenkelaußenseite | | | | |
| 41 Hüftbeuger | | | | |
| 44 Wadenmuskeln | | | | |
| 37 Großer Brustmuskel | | | | |
| 35 Trizeps | | | | |
| 36 Schultergürtelmuskeln | | | | |

## 2. Woche  |  je 1 x 15 Wdh.

### Aufwärmen
| | | | | | |
|---|---|---|---|---|---|
| 1 Marching | | | | | |
| 2 Side to Side | | | | | |
| 3 Step touch | | | | | |
| 4 Schultern kreisen | | | | | |
| 6 Knee lift | | | | | |

### Hantel-Training
| | | | | | |
|---|---|---|---|---|---|
| 28 Vorderer Oberschenkel | | | | | |
| 29 Hinterer Oberschenkel | | | | | |
| 34 Wadenmuskeln | | | | | |
| 15 Großer Brustmuskel | | | | | |
| 17 Großer Brustmuskel | | | | | |
| 23 Obere Rückenmuskeln | | | | | |
| 26 Gesäßmuskeln | | | | | |
| 11 Bizeps | | | | | |
| 14 Trizeps | | | | | |
| 9 Delta- und Schultergürtelmuskeln | | | | | |
| 19 Gerade Bauchmuskeln | | | | | |
| 20 Schräge Bauchmuskeln | | | | | |

### Stretching
| | | | | | |
|---|---|---|---|---|---|
| 42 Vorderer Oberschenkel | | | | | |
| 43 Hinterer Oberschenkel | | | | | |
| 39 Gesäßmuskeln und Schenkelaußenseite | | | | | |
| 41 Hüftbeuger | | | | | |
| 44 Wadenmuskeln | | | | | |
| 37 Großer Brustmuskel | | | | | |
| 38 Obere und Untere Rückenmuskeln | | | | | |
| 35 Trizeps | | | | | |

| 3. Woche | | | | | | *je 2 x 15 Wdh.* |
|---|---|---|---|---|

**Aufwärmen**

| | | | | | |
|---|---|---|---|---|---|
| 1 Marching | | | | | |
| 2 Side to Side | | | | | |
| 4 Schultern kreisen | | | | | |
| 5 Heel dig | | | | | |
| 6 Knee lift | | | | | |

**Hantel-Training**

| | | | | | |
|---|---|---|---|---|---|
| 27 Vorderer Oberschenkel | | | | | |
| 30 Schenkelaußenseite | | | | | |
| 31 Schenkelinnenseite | | | | | |
| 33 Wadenmuskeln | | | | | |
| 18 Großer Brustmuskeln | | | | | |
| 22 Obere Rückenmuskeln | | | | | |
| 25 Gesäßmuskeln | | | | | |
| 12 Bizeps | | | | | |
| 13 Trizeps | | | | | |
| 7 Delta- und Schultergürtelmuskeln | | | | | |
| 8 Delta- und Schultergürtelmuskeln | | | | | |
| 19 Gerade Bauchmuskeln | | | | | |
| 20 Schräge Bauchmuskeln | | | | | |

**Stretching**

| | | | | | |
|---|---|---|---|---|---|
| 42 Vorderer Oberschenkel | | | | | |
| 40 Schenkelinnenseite | | | | | |
| 39 Gesäßmuskeln und Schenkelaußenseite | | | | | |
| 41 Hüftbeuger | | | | | |
| 44 Wadenmuskeln | | | | | |
| 37 Großer Brustmuskel | | | | | |
| 38 Untere und Obere Rückenmuskeln | | | | | |
| 35 Trizeps | | | | | |
| 36 Schultergürtelmuskeln | | | | | |

| 4. Woche | | *je 2 x 15 Wdh.* | | | |
|---|---|---|---|---|---|
| **Aufwärmen** | | | | | |
| 1 | Marching | | | | |
| 3 | Step touch | | | | |
| 4 | Schultern kreisen | | | | |
| 5 | Heel dig | | | | |
| 6 | Knee lift | | | | |
| **Hantel-Training** | | | | | |
| 28 | Vorderer Oberschenkel | | | | |
| 29 | Hintere Oberschenkel | | | | |
| 34 | Wadenmuskeln | | | | |
| 15 | Großer Brustmuskel | | | | |
| 17 | Großer Brustmuskel | | | | |
| 23 | Obere Rückenmuskeln | | | | |
| 24 | Obere Rückenmuskeln | | | | |
| 26 | Gesäßmuskeln | | | | |
| 11 | Bizeps | | | | |
| 14 | Trizeps | | | | |
| 10 | Delta- und Schultergürtelmuskeln | | | | |
| 21 | Gerade Bauchmuskeln | | | | |
| 20 | Schräge Bauchmuskeln | | | | |
| **Stretching** | | | | | |
| 42 | Vorderer Oberschenkel | | | | |
| 43 | Hinterer Oberschenkel | | | | |
| 39 | Gesäßmuskeln und Schenkelaußenseite | | | | |
| 41 | Hüftbeuger | | | | |
| 44 | Wadenmuskeln | | | | |
| 37 | Großer Brustmuskel | | | | |
| 38 | Untere und Obere Rückenmuskeln | | | | |
| 35 | Trizeps | | | | |
| 36 | Schultergürtelmuskeln | | | | |

| **5. Woche** | *Gewichte erhöhen, je 1 x 15 Wdh.* | | | | |
|---|---|---|---|---|---|
| **Aufwärmen** | | | | | |
| 1 | Marching | | | | |
| 2 | Side to Side | | | | |
| 3 | Step touch | | | | |
| 4 | Schultern kreisen | | | | |
| 5 | Heel dig | | | | |
| **Hantel-Training** | | | | | |
| 27 | Vorderer Oberschenkel | | | | |
| 32 | Schenkelinnen- und -außenseite | | | | |
| 33 | Wadenmuskeln | | | | |
| 16 | Großer Brustmuskel | | | | |
| 18 | Großer Brustmuskel | | | | |
| 22 | Obere Rückenmuskeln | | | | |
| 23 | Obere Rückenmuskeln | | | | |
| 25 | Gesäßmuskeln | | | | |
| 12 | Bizeps | | | | |
| 13 | Trizeps | | | | |
| 7 | Delta- und Schultergürtelmuskeln | | | | |
| 8 | Delta- und Schultergürtelmuskeln | | | | |
| 19 | Gerade Bauchmuskeln | | | | |
| 20 | Schräge Bauchmuskeln | | | | |
| **Stretching** | | | | | |
| 42 | Vorderer Oberschenkel | | | | |
| 40 | Schenkelinnenseite | | | | |
| 39 | Gesäßmuskeln und Schenkelaußenseite | | | | |
| 41 | Hüftbeuger | | | | |
| 44 | Wadenmuskeln | | | | |
| 37 | Großer Brustmuskel | | | | |
| 38 | Untere und Obere Rückenmuskeln | | | | |
| 35 | Trizeps | | | | |
| 36 | Schultergürtelmuskeln | | | | |

## 6. Woche                    *je 1 x 15 Wdh.*

### Aufwärmen

| # | Übung | | | | |
|---|---|---|---|---|---|
| 1 | Marching | | | | |
| 2 | Step touch | | | | |
| 3 | Side to Side | | | | |
| 4 | Schultern kreisen | | | | |
| 6 | Knee lift | | | | |

### Hantel-Training

| # | Übung | | | | |
|---|---|---|---|---|---|
| 28 | Vorderer Oberschenkel | | | | |
| 29 | Hinterer Oberschenkel | | | | |
| 34 | Wadenmuskeln | | | | |
| 15 | Großer Brustmuskel | | | | |
| 17 | Großer Brustmuskel | | | | |
| 23 | Obere Rückenmuskeln | | | | |
| 24 | Obere Rückenmuskeln | | | | |
| 26 | Gesäßmuskeln | | | | |
| 11 | Bizeps | | | | |
| 14 | Trizeps | | | | |
| 8 | Delta- und Schultergürtelmuskeln | | | | |
| 9 | Delta- und Schultergürtelmuskeln | | | | |
| 21 | Gerade Bauchmuskeln | | | | |
| 20 | Schräge Bauchmuskeln | | | | |

### Stretching

| # | Übung | | | | |
|---|---|---|---|---|---|
| 42 | Vorderer Oberschenkel | | | | |
| 43 | Hinterer Oberschenkel | | | | |
| 39 | Gesäßmuskeln und Schenkelaußenseite | | | | |
| 41 | Hüftbeuger | | | | |
| 44 | Wadenmuskeln | | | | |
| 37 | Großer Brustmuskel | | | | |
| 38 | Untere und Obere Rückenmuskeln | | | | |
| 35 | Trizeps | | | | |
| 36 | Schultergürtelmuskeln | | | | |

| 7. Woche | | *je 2 x 15 Wdh.* | | | |
|---|---|---|---|---|---|

**Aufwärmen**

| | | | | | |
|---|---|---|---|---|---|
| 1 | Marching | | | | |
| 2 | Side to Side | | | | |
| 3 | Step touch | | | | |
| 4 | Schultern kreisen | | | | |
| 5 | Heel dig | | | | |
| 6 | Knee lift | | | | |

**Hantel-Training**

| | | | | | |
|---|---|---|---|---|---|
| 27 | Vorderer Oberschenkel | | | | |
| 30 | Schenkelaußenseite | | | | |
| 31 | Schenkelinnenseite | | | | |
| 33 | Wadenmuskeln | | | | |
| 15 | Großer Brustmuskel | | | | |
| 16 | Großer Brustmuskel | | | | |
| 22 | Obere Rückenmuskeln | | | | |
| 23 | Obere Rückenmuskeln | | | | |
| 25 | Gesäßmuskeln | | | | |
| 12 | Bizeps | | | | |
| 14 | Trizeps | | | | |
| 9 | Delta- und Schultergürtelmuskeln | | | | |
| 10 | Delta- und Schultergürtelmuskeln | | | | |
| 19 | Gerade Bauchmuskeln | | | | |
| 20 | Schräge Bauchmuskeln | | | | |

## 7. Woche

### Stretching

| | | | | | |
|---|---|---|---|---|---|
| 42 | Vorderer Oberschenkel | | | | |
| 43 | Hinterer Oberschenkel | | | | |
| 40 | Schenkelinnenseite | | | | |
| 39 | Gesäßmuskeln und Schenkelaußenseite | | | | |
| 41 | Hüftbeuger | | | | |
| 44 | Wadenmuskeln | | | | |
| 37 | Großer Brustmuskel | | | | |
| 38 | Untere und Obere Rückenmuskeln | | | | |
| 35 | Trizeps | | | | |
| 36 | Schultergürtelmuskeln | | | | |

## 8. Woche                                je 2 x 15 Wdh.

### Aufwärmen

| | | | | | |
|---|---|---|---|---|---|
| 1 | Marching | | | | |
| 2 | Side to Side | | | | |
| 3 | Step touch | | | | |
| 4 | Schultern kreisen | | | | |
| 5 | Heel dig | | | | |
| 6 | Knee lift | | | | |

### Hantel-Training

| | | | | | |
|---|---|---|---|---|---|
| 28 | Vorderer Oberschenkel | | | | |
| 29 | Hinterer Oberschenkel | | | | |
| 32 | Schenkelinnen- und -außenseite | | | | |
| 34 | Wadenmuskeln | | | | |
| 15 | Großer Brustmuskel | | | | |
| 17 | Großer Brustmuskel | | | | |
| 23 | Obere Rückenmuskeln | | | | |

## 8. Woche

| | | | | | |
|---|---|---|---|---|---|
| 24 | Obere Rückenmuskeln | | | | |
| 26 | Gesäßmuskeln | | | | |
| 11 | Bizeps | | | | |
| 13 | Trizeps | | | | |
| 7 | Delta- und Schultergürtelmuskeln | | | | |
| 8 | Delta- und Schultergürtelmuskeln | | | | |
| 21 | Gerade Bauchmuskeln | | | | |
| 20 | Schräge Bauchmuskeln | | | | |
| | **Stretching** | | | | |
| 42 | Vorderer Oberschenkel | | | | |
| 43 | Hinterer Oberschenkel | | | | |
| 40 | Oberschenkelinnenseite | | | | |
| 39 | Gesäßmuskeln und Oberschenkelaußenseite | | | | |
| 41 | Hüftbeuger | | | | |
| 44 | Wadenmuskeln | | | | |
| 37 | Großer Brustmuskel | | | | |
| 38 | Untere und Obere Rückenmuskeln | | | | |
| 35 | Trizeps | | | | |
| 36 | Schultergürtelmuskeln | | | | |

# Das neue „Alex-Effective" Training

...eichen Sie die maximale Effektivität Ihres Trainings mit unserem neuen ...iningsprogramm „Alex Effective". Das Programm präsentiert sich als eine ...ervall-Trainingsmethode, die sehr intensiv Ausdauer bzw. Kraftausdauer, ...lance, Beweglichkeit, Entspannung und Erholung trainiert.

**Roger Brown.**
International anerkannter
Aerobic Instructor und
Personal Trainer. Beim
DFAV Referent für Effective.

fitness, fun, function

...ex-Athletics – bei Karstadt Sport, Hertie, Wertheim, Neckermann, Quelle.

**ALEX**
ATHLETICS

FECTIVE

## Literaturhinweise

✗ Bartek, O.: Alles über Fitness. Könemann, Köln, 1998.

✗ Delavier, F.: Muskel-Guide. blv, München, 2000.

✗ Kunath, I./Ockert, G.: Body-shaping – Die sanfte Körperformung. Sportverlag, Berlin, 1992.

✗ Schönegge, H.: Richtig schöne Muskeln. Südwest, München, 2000.

✗ Wade, J.: Personal Training – Fitness für ein neues Lebensgefühl. Cormoran, München, 1998.

✗ Kempf, H.-D./Strack, A.: Der Hantel-Krafttrainer – Die besten Übungen. Rowohlt, Reinbek, 2001.

## Adressen

✗ ALEX ATHLETICS
Theodor-Althoff-Str. 2
45133 Essen
Tel.: 0201/727 83 78
Bestell-Hotline 0180/500 51 10
www.alex.de

✗ DANSKIN und RYKÄ
Dancin' GmbH
Schnieringshof 12
45329 Essen
Tel.: 0201/834 48-0
Fax: 0201/834 48-34
www.danskin.de

Die Fotoaufnahmen machten Tilo Wiedensohler und Harald Ottke von der Agentur CAMERA 4. Das Schminken übernahm die Visagistin Nadine Seidel. Die Hanteln und Gewichtsmanschetten stellte freundlicherweise die Firma ALEX ATHLETICS zur Verfügung. Für die Ausstattung mit Schuhen von RYKÄ und der Bekleidung von DANSKIN sorgte die Firma Dancin' GmbH. Die Sportmatte aus Sympa-Nova ist von der Firma Friedola. Allen Beteiligten besten Dank!